ARTUR LUNDKVIST

POEMAS ENTRE ANIMAL Y DIOS

Selección y traducción: Roberto Mascaró
Prólogo por Armando Maldonado

ARTUR LUNDKVIST

POEMAS ENTRE ANIMAL Y DIOS

Poemas entre Animal y Dios
Artur Lundkvist
Traducción al español de Roberto Mascaró ©
Prólogo por Armando Maldonado©
Copyright © Editorial del Gabo, 2015
Colección EDDA #5 / 2015
ISBN: 978-0-692-44859-5

Edición y Corrección: Andrés Norman Castro
Arte exterior: Alejandro Marré
Diagramación: Sirius Estudio

Editorial del Gabo
San Salvador, El Salvador, Centro América
editorialdelgabo.blogspot.com • ⓕ*/editorialdelgabo*

Agradecemos que el costo de esta traducción fue sufragado por una
subvención del Gobierno de Suecia a través del Swedish Arts Council
(Consejo Sueco de las Artes)

KULTURRÅDET

Las sendas interiores

Lundkvist es un poeta visual; su poesía nos carga de imágenes como un caudal enérgico. Estas imágenes son las de un viajero, las de un lector, las de un hombre que sabe construir un mundo poético con ci¬mientos en el mundo real. Una trasfiguración que lleva al lector del surrealismo poético a un realismo visceral en el que vive el lector.

Lejos de toda pretensión y de una perfección falsa, Lundkvist escribe una obra lúcida, fluida, transparente, obstinada y gigantesca, que transita por los años con estoicismo, y que seguirá así por el andar de los siglos.

En Poemas entre animal y dios (1944), escrito durante la Segunda Guerra, Lundkvist abre su espectro hacia el hallazgo y la asociación inesperada, que en el ámbito de Suecia era algo desconocido, y que tiene sus indudables raíces en el surrealismo. En sus poemas encontramos la huella de Dalí, de García Lorca, de Aleixandre, del Neruda de Residencia en la Tierra. La estela de Lundkvist no fue ignorada por los poetas suecos posteriores, mucho menos por los mejores entre ellos.

Este es un libro humano, un libro donde el hombre está a merced de los elementos: del fuego, del agua, del viento y de la tierra; así como de otros elementos que nos los da la naturaleza misma pero que también están dentro del ser humano y lo pueden levantar o también desolar como el peor de los cataclismos de la naturaleza. Este libro se mueve en diferentes direcciones, es un libro vivo que encamina al lector por sendas interiores donde habita la humillación y la sublimación del ser.

Una poesía que aun siendo de lejanas latitudes geográficas, nos entrega un lenguaje universal, coherente, exuberante, que solo puede ser escrito por un hombre poética y humanamente bien ubicado en el universo. Lundkvist irrumpe en lo cotidiano, y lo descompone en su penosa realidad; la muerte como la "Espada de Damocles" que caerá tarde o temprano sobre nuestras cabezas de ceniza. Es una poética de contrarios donde el más débil, el ser humano, está expuesto en su fragilidad animal. Pero lo que el ser humano tiene como única arma ante las furias es esa misma animalidad, es esa fragilidad constante que lo derrumba pero también lo hace tener la esperanza de poder dominar los elementos.

Sin dudas es la experiencia de incansable viajero lo que trajo a Artur Lundkvist a recorrer toda América Latina, a influir en la Academia Sueca (de la que fue miembro vitalicio) para que otorgaran el Premio Nobel a Miguel Angel Asturias, a Pablo Neruda, a Octavio Paz y a

Gabriel García Márquez. Además, Fue traductor de numerosos poetas de habla española como García Lorca, Juan Ramón Jiménez, Pablo Neruda, Xavier Villaurrutia, entre otros. Marcó así una nítida línea dentro de la Academia a favor de las letras iberoamericanas. Por esto, su poesía y su vida, son para nosotros algo lejano pero también cercano.

El mérito de hacer una edición de Poemas entre animal y dios para un público centroamericano es valioso, porque gran parte de esta región es una casa de espejos y esfuerzos destinados a romper esas prisiones de autorreflejos en las que nos han confinado: políticas culturales retrógradas y carentes de todo sentido de progreso.

Armando Maldonado
Poeta hondureño

POEMAS ENTRE ANIMAL Y DIOS

Du hör dånet av fabrikerna, dånet av de tungt
lastade tågen, smattret av nithamrarna, klangen
av stål mot stål. Du hör hur luften piskas upp
i svarta vågor som välter murar framför sig.

Du hör klangen av ett piano likt regndroppar
på glastak och ljudet av flöjter som inte finns,
som ingen spelar: det är vinden i stadens labyrint,
tonen i kalla örontrumpeter, i blå snäckvindlingar.

Det är ljudet av flodens vass och av jätteduvor
som spejar från relingen på gryningens farkost,
en dov ton ur kupade, rödfrusna händer, en tystnad
grå som granit när svinen förfryser i jordhålor.

Klädda i masker kämpar männen som galningar
bland kaskader av eld. Smältmassorna skvalpar
i formarna, en orgasm mellan stålmastodonter
som spiller sin självlysande säd i soten.

Oyes el estruendo de las fábricas, el estruendo de los trenes
pesadamente cargados, el tableteo de los martillos, el sonido
de acero contra acero. Oyes cómo el aire es flagelado y sube
en ondas negras que derriban muros frente a sí.

Oyes el sonido de un piano como gotas de lluvia
en techo de cristal y el sonido de flautas que no existen,
que nadie toca: es el viento en el laberinto de la ciudad,
el tono en frías trompas de Eustaquio, en espirales de caracol azules.

Es el sonido de los juncos de río y de enormes uvas
que avizoran desde la borda el navio del alba,
un tono opaco de manos cóncavas enrojecidas de frío, un silencio
gris como granito cuando los cerdos se hielan en hoyos en la tierra.

Llevando máscaras luchan los hombres como locos
entre cascadas de fuego. Las masas derretidas chapotean
en los moldes, un orgasmo entre mastodontes de acero
que arroja su semen fosforecente en el hollín.

Männens läppar efterlämnar spår av blod på brödet.
Likt blytyngder vid deras fötter drar sömnen
ner dem i branta djup med drömmar i eldrött.
Suckande stänger kvinnan sin väntans fönster.

Vem sjunger nu sången om framtiden, den havande,
den fruktansvärt välsignade! O idyller, ideal,
virvlande bort som lösryckta oljetryck! Ingen
kan längre vila mot den mossiga gobelängen!

Och vad ska väl någon med en hund vid sin sida!
Aldrig mer ska det förflutna återkomma, förlorad
för evigt är trädgården, vilan i middagsskuggan,
o förlorad den gamla friden under flädern!

Den rena kärleken ska aldrig bli din. Dina ögon
ska vrida sig inåt sina blodiga hålor, dina tarmar
ska vrida sig om varandra i förtvivlan, men förgäves
ska du undfly verklighetens förvandling.

Los labios de los hombres dejan huellas de sangre en el pan.
Como pesas de plomo a sus pies el sueño los hala
hacia abajo en abismos con sueños rojo fuego.
La mujer suspira cerrando la ventana de su espera.

¡Quién canta ahora la canción del futuro, el preñado,
el terriblemente bendito! ¡Oh idilios, ideales,
llevados por el torbellino como estampas! ¡Nadie
puede ya descansar contra el musgoso gobelino!

¡Y de qué servirá a alguien un perro a su lado!
¡Ya jamás volverá lo pasado, perdido
para siempre en el jardín, el descanso a la sombra de la cena,
oh la vieja paz perdida bajo el saúco!

El amor limpio no será jamás tuyo. Tus ojos
se volverán hacia adentro de sus cuencas sangrientas, tus intestinos
se retorcerán desesperados, pero en vano
huirás de las transformaciones de la realidad.

Och du som trott på livet till det yttersta
säger nu: Livet är icke möjligt! Livet
skrumpnar i sitt skal spränger sig självt:
antingen död pärlemo eller spårlös förintelse.

Det är icke möjligt att leva varken i tanken
eller driften, varken i nuet eller framtiden.
Ofta längtar du att dela djurens förnimmelser,
att följa träden på deras vandring kring jorden.

Du undrar över vattnet som aldrig blir utnött
och över larven som frodas insvept i ett löv.
Men vad vet du om eldar som brinner under jorden
eller om hjorten som störtar sig från klippan?

Mot naturens väldiga varaktighet avtecknar sig
din egen flyktighet, mänsklighetens möda
att bevara sig själv, upprepningens labyrint
i vilken havets larm blir allt avlägsnare.

Y tú que creíste en la vida hasta el extremo
dices ahora: ¡La vida no es posible! La vida
se encoge en su cáscara o se hace estallar:
o perla muerta o exterminio sin huellas.

No es posible vivir ni en pensamiento
ni acción, ni en el hoy ni en el futuro.
A menudo echas de menos todas las percepciones de la selva,
seguir los árboles en sus paseos por la tierra.

Te preguntas por el agua que nunca es consumida
y por la larva que florece envuelta en una hoja.
¿Pero qué sabes tú de fuegos que arden bajo tierra
o sobre el ciervo que se precipita de la roca?

Sobre el enorme ser de la naturaleza se dibuja
tu propia liviandad, la pena de la humanidad
por preservarse, laberinto de las repeticiones
en el cual el rumor del mar se hace cada vez mas lejano.

Bleknar icke blodet, sinar icke moderskällorna?
Landskapet sjunker ju in i rymden mer och mer,
djuren försvinner i jorden, skogarna uppslukas,
bergen sopas mot horisonterna som moln.

Ja, människan har gjort världen till sin scen,
där dramat pågår sedan länge, konflikten
mellan motsatserna när människan ställs inför
jordens skatter, havens krav och rymdens föften.

Äventyrets fasor, vandringens blödande fötter,
ormen som sover under sanden, skeppens skelett,
förtrogna med strandstenarna, gömda i kullen:
starkare än verkligheten hör du minnenas sus!

Ty livet är icke möjligt, kluvet i ensamhet
och gemenskap, vägande mellan skräckens gruva
och drömmens vita berg, med den enskildes själ
skriande i världsstadens fulländade maskineri.

¿No empalidece la sangre, ni se secan las fuentes maternales?
El paisaje se hunde en el espacio más y más,
los animales desaparecen de la tierra, los bosques devorados,
las montañas barridas como nubes contra los horizontes.

Sí, el humano ha hecho del mundo su escena,
donde el drama se desarrolla hace tiempo, el conflicto es
entre las contradicciones, el humano es puesto frente
a los tesoros de la tierra, las exigencias de los mares y la promesa del espacio.

Los peligros de la aventura, los pies sangrantes del camino,
la serpiente que duerme bajo la arena, el esqueleto de los barcos,
confiados a las piedras de la costa, escondidos en la colina:
¡más fuerte que la realidad oyes el zumbido de los recuerdos!

¡Porque la vida no es posible, dividida en la soledad
y la concordia, pesada entre la mina del terror
y el blanco monte del sueño, y el alma del individuo
que grita en la maquinaria perfecta de las ciudades del mundo!

Du ser de blinda tiggarna med fläckiga skägg,
asfaltprofeterna som mumlar i sin egen fradga,
ledda av gossar med dolkar i blicken och nakna
överkroppar, revbensrandiga som svultna hundar.

Mot obarmhärtigt blått avtecknar sig systrarna,
de trasigt trötta, med bröst som gråa getingbon,
med rökiga röster och gamla bleckburkars leenden,
där de blåser bort små högar av aska framför sig.

De ser mödans män med skuldror som ärriga stenar,
med håret bortnött från lemmarna, med händerna
krökta i uppsvälld stelhet och blicken i skuggan
av sädesax grumlig som vatten där liar slipats.

Men dessa bredvid liknar mest skrynkliga lakan,
hopfasta med nålar, med källarbleka händer
som formats av nycklar, svärdsfästen, piskor,
och näsorna ädelt böjda över dyrbara dofter.

Tú ves a los mendigos ciegos con la barba manchada,
profetas del asfalto que murmuran en su propia espuma,
conducidos por garzones con puñales en la mirada y desnudos
torsos, marcadas las costillas como perros hinchados.

Contra implacable azul se dibujan las hermanas,
las cansadas y rotas, con pechos como grises panales,
con voces ahumadas y sonrisas de viejos tinteros,
donde ellas soplan pequeños montes de ceniza frente a sí.

Ven a los hombres de la pena con hombros como piedras con cicatrices,
con el vello arrancado de los miembros, con las manos
curvadas en hinchada rigidez y la mirada en la sombra de
de espiga turbia como el agua donde se han afilado lianas.

Pero ellas a su lado se parecen más a sábanas arrugadas,
unidas con alfileres, con manos pálidas de sótano
formadas por llaves, empuñaduras de espadas, látigos,
y las narices noblemente inclinadas sobre caros aromas.

Och de druckna raglar i sitt stackars broderskap,
med ansikten mognade framför eld, med könets
fågelbo grånat och övergivet, där de ritar
i bordets pölar allt vad de trott sig ha glömt.

Se skräckens och vansinnets skara, där var och en
är ensam bland skuggor, i en verklighet tecknad
med kritta mot svart! Våta efter marritter
skriar de efter döden utan att känna dess namn!

Och skaparbegärets fördömda, laddade som åskmoln,
sviktande under fördämningens börda, upplysta
av blixtar genom dörrspringor, offer för eldens
kvävda raseri och överrumplande sidokast!

Slutligen ser du orgiens rum i dess röda mörker,
med kroppar sammanslingrade till en tidlös hydra,
bortom lust och smärta, man och kvinna, jag och du.
Och plötsligt råder den djupa friden efter mordet.

Y los ahogados vacilan en su pobre hermandad,
con los rostros maduros frente al fuego, con el nido
del sexo agrisado y yerto, cuando dibujan
en los charcos de la mesa todo lo que creen olvidado.

¡Mira la procesión del terror y la locura, donde cada uno
está solo entre sombras, en una realidad dibujada
con tiza sobre negro! ¡Húmedos de pesadillas
piden la muerte a gritos sin conocer su nombre!

¡Y los condenados por la pasión creadora, cargados como nubarrones,
doblándose bajo la carga de la condena, iluminados
por relámpagos a través de rendijas de puertas, víctimas de
la furia ahogada y la sorpresa del fuego!

Al final ves el cuarto de la orgía en su oscuridad roja,
con cuerpos enredados hacia una hidra intemporal,
más allá de placer y dolor, hombre y mujer, yo y tú.
Y de pronto reina la profunda paz posterior al asesinato.

Båtarna skvalpar
  i grönt lä av klippor,
röda som oljetryck
  eller ständig solnedgång.
Skyar målar skeppsbrott
  kring segel av ljus,
mellan blåa molnsnäckor
  och vindvridna purpurmantlar.
Havstulpanerna vinkar
  med glupska små händer.
Vassare än taggtråd
  befäster de vattenlinjen,
där maneterna gungar in
  som drunknades lösslitna kön.

Chapotean los barcos
    en verde sotavento de rocas,
verdes como estampas
    o permanente ocaso.
Nubes pintan naufragios
    en torno a velas de luz,
entre azules conchas de nubes
    y capas púrpura arrugadas por el viento.
Saludan los percebes
    con voraces y pequeñas manos.
Más afilados que alambre de púas
    fijan sus líneas de agua,
donde las medusas se mecen
    como sexos desprendidos de ahogados.

Tvätten torkar på marken
*   för att inte nötas av vinden.*
Röken drar över berget
*   utmed en stig av sot.*
På vägen glimmar sillar
*   som tappats från en vagn.*
En brygga sviktar
*   under blekta djurben,*
där flugorna brummar
*   som fångna i en flaska.*
Ängen har ett skjortbröst
*   av vitglänsande vatten*
och där har ett plommonstop
*   från en fiskares ungdom förlist.*

El lavado se seca en la tierra
    para no ser gastado por el viento.
El humo pasa sobre la montaña
    junto a un sendero de hollín.
Un muelle traiciona
    bajo pálidas patas de animal,
donde las moscas gruñen
    cual prisioneros en una botella.
La pradera tiene pecho de venado
    de agua blancuzca brillante
y allí ha naufragado un sombrero hongo
    de la juventud de un pescador.

Gossarna leker med liar
    medan slåtterkarlarna vilar
och kvinnan med reumatism
    piskar sig med nässlor.
I bygatan flyger fradgan
    från hästar över fönstren.
I sommarpaviljongen
    spelar en flicka på harpa,
så änglalik med suckande
    barm och utslaget hår,
medan föräldrarna bakom henne
    ler i svartmuskig falskhet.
Över hennes skuldra blinkar
    plötsligt fyrens gröna öga.

Los garzones juegan con bejucos
   mientras los hombres de la cosecha de heno descansan
y la mujer reumática
   se flagela con ortigas.
En la calle del pueblo vuela la espuma
   de los caballos sobre las ventanas.
En el pabellón de verano
   una muchacha toca el arpa,
tan angelical con suspiros
   pecho y cabello sueltos,
mientras los padres tras ella
   sonríen en falsedad morena.
Sobre sus hombros parpadea
   de pronto el ojo verde del faro.

Hon såg kvinnor tvätta vid en sjö med kokande vatten.
De rörde sig i ångorna med väldiga röda armar
och bakom dem var himlen snövit av upphängd tvätt.

Hon såg ett kärlekspar vilar i grönskan vid ett stup.
Jorden började rinna undan, marken störtade in,
men kärleksparet seglade bort på en ö av grönska.

Hon såg en hund dricka ur en vattenpöl med stjärnor i.
Stjärnorna försvann en efter en: uppslukade av en hund.
Och hunden talade och sade: Jag lider av melankoli.

Ella vio mujeres junto a un lago lavando con agua hirviente.
Se movían entre los vapores con grandes brazos rojos
y tras ellas el cielo era blanco nieve de ropa colgada.

Ella vio una pareja de enamorados descansando en el verde junto a un abismo.
La tierra comenzó a deslizarse, brotó el suelo,
Pero la pareja de enamorados se alejó navegando en una isla de verdor.

Ella vio un perro beber de un charco lleno de estrellas.
Las estrellas desaparecieron una a una: devoradas por un perro.
Y el perro habló y dijo: Padezco de melancolía.

Hon satt tillsammans med många kvinnor vid en mur.
Solen förgyllde deras uppåtvända ansikten som masker.
När de började smeka henne förvandlades hon till man.

Hon såg in genom ett fönster: människor dansade
nakna i eldsken, skamlösa kvinnor med utslagat hår
och tung slängande bröst likt påsar med vetemjöl.

Hon mötte en tjur i skogen och sprang runt ett träd,
tills den trasslade in sina krumma horn i grenverket
och blickade hjälplöst upp mot henne som ett barn.

Ella estaba junto a muchas mujeres junto a un muro.
El sol doraba sus rostros vueltos hacia arriba como máscaras.
Cuando comenzaron a acariciarla se transformó en un hombre.

Ella vio a través de una ventana: la gente bailaba
desnuda al resplandor del fuego, mujeres desvergonzadas con el pelo suelto
y pesados pechos que colgaban como sacos de harina.

Ella se encontró con un toro en el bosque y corrió alrededor de un árbol,
hasta que el toro se enredó con su retorcida cornamenta en el ramaje
y quedó mirándola desesperado como un niño.

Hur kan jag leva i vindarnas hus?
I vinden går min säng, mitt rop förlorat.
Vinden släcker min eld, bortför min kärlek.
Vinden sliter löven från mina träd
och färdas som mörk hår över vattnen.
Vinden driver hästarna utför bergsidorna.
Vinden brottas med åskmolnet och övervinner det.
Vinden uppslukar dammet från vägarna
och rökarna från alla skorstenar.
Vinden skrapar kinderna med sin kniv
och kommer klipporna att dåna som klockor.
Vinden driver ner djuren i markens hålor.
Vinden nöter ut min kropp, förskingrar min själ.
Vinden bedövar, bedövar med sitt dån,
med sin oändlighet, outtröttlighet,
med kraften i sin framrusande blåa barm.
Vinden klistrar ett blad för stenens mun.
Vinden rymmer allt levande som störtar
blint från födelse till utplåning
klagande vid alla hörn och höjdkrön.
Vinden är osårbar, utan hjärta.
Vinden förblir mysteriet som dagligen
öppnar våra ögon, skakar vår vanas hus.
All världen skakar av oändlighetens vindar.

¿Cómo puedo vivir en la casa de los vientos?
En el viento va mi canto, mi llamada perdida.
El viento apaga mi fuego, lleva lejos mi amor.
El viento gasta las hojas de mi árbol
y avanza como cabello oscuro por la noche.
El viento empuja los caballos fuera de las estribaciones de
la montaña.
El viento lucha con el nubarrón y lo vence.
El viento devora el polvo de los caminos
y los humos de todas las chimeneas.
El viento raspa las mejillas con su cuchillo
y hace sonar las rocas como campanas.
El viento empuja los animales a los hoyos del suelo.
El viento gasta mi cuerpo, desbarata mi alma.
El viento anestesia, anestesia con su estruendo,
con su infinitud, su persistencia,
con la fuerza de su regazo azul que avanza.
El viento cierra el libro abierto
y adhiere una hoja en la boca de la piedra.
El viento lleva todo lo viviente que cae
ciegamente del nacimiento a la aniquilación,
protestando en todos los rincones y cimas.
El viento es invulnerable, sin corazón.
El viento se vuelve el misterio que día a día
abre nuestros ojos, sacude la casa de nuestros hábitos.
El mundo entero se sacude a los vientos de lo infinito.

Söndagen hade bleka läppar och var stum.
Litet solsken dröjde länge vid en mur
där lövskuggor rörde sig som vinkande händer.
I skymningen gick många ut och kom många hem
medan klockklangernas hot hängde kvar mellan husen.
Hundarna var trötta, duvorna mätta. På en bänk
låg två handskar likt tomma, bortkastade händer.
Vindfladdrande papper väntade på måndagen.

Måndagen kom med morgonångest som övergick
i larmande trygghet. Allt var lättare
än man fruktat och svårare än man hoppats.
Trottoarernas kritteckningar utplånades av fötter.
Redan nämndes gårdagens hjältar mindre ofta.
Och vinden tilltog. Det slösades med tändstickor i gathörnen.

El domingo tenía labios pálidos y era mudo.
Un poco de sol se demoró en un muro
donde sombras de hojas se movieron como manos que se agitan.
Al anochecer salieron muchos y muchos regresaron a casa
pero la amenaza de los tonos de las campanas permanecieron
entre las casas.
Los perros estaban cansados, las palomas saciadas.En un banco
yacían dos guantes como arrojadas manos vacías.
Papeles que flameaban al viento esperaban el lunes.

El lunes vino con angustia matinal que se transformó
en alarmante seguridad. Todo fue más fácil
que lo que se temía y más difícil que lo que se esperaba.
Los dibujos en tiza de las aceras fueron destruídos por pies.
Ya eran menos nombrados los héroes de ayer.
Y el viento arreció. Se derrochaban cerillas en las esquinas.

Ljungen glödde som eld i torv.
Citronvingade fjärilar lyfte mot glaciären.
En man med örontofsar som ett lodjur
härmade fjällbäckarna på sin svarta fiol.
Flickor satt stadiga som båtbryggor
och vilade mot armarnas röda köttmassor.

Det droppade från öltunnan, sommarsvalt, surt.
Krögaren stödde magen mot disken, torkade glas.
Fiskfabrikens rök bredde sin pestfana över hamnen.
Kvällen kom med blåsigt rött i rymden
och ett barnsligt litet tåg
försvann med ett pip bortåt en myr.

Så var det där vid havet i norr.
Tystnad ekade från hägrande skär i midnattsljus.
Fåglar svävade som andar utan ett skri.
Husen sov klara i natten som på en tavla.

El brezo enrojeció como fuego en la torva.
Mariposas con alas de limón se elevaron hacia el glaciar.
Un hombre con orejeras como un lince
imitaba a los torrentes con su negro violín.
Las muchachas plantadas firmes como muelles
descansaban en las masas de carne de sus brazos.

Goteaba del barril de aceite, fresco de verano, ácido.
El tabernero descansaba el vientre en la barra, secaba vasos.
El humo de la pescadería extendía su bandera apestada sobre el puerto.
La noche vino con rojo ventoso en el espacio
y un pequeño tren infantil
desapareció con un chillido lejos, hacia un pantano.

Así era eso junto al mar, en el Norte.
El silencio resonaba desde el arrecife fantasma,
                              en la luz de la medianoche.
Pájaros flotaban como alientos sin chillidos.
Las casas dormían claras en la noche como en un cuadro.

¡Oh hermosa hermana
med din förvandlade kastilianska:
sierrans ekon dämpade av tropisk snö!
Din långa rygg är påfågelns lodräta språng.
Vattnets sidenrusning följer dig
och gröna skogar svettas i din blick.
Oh muchacha med ditt leendes machete!
El hombre es una ciudad vieja y terrible
med barnadrömmar snyftande i sina källarvalv.
Las torres del sueño son altas como los senos
de la sierra. Och den svarta vinden gråter
vid det gröna tornets fot.
                    Gitarren
har sluttande axlar likt en bondkvinna,
men strängarnas fästen grinar som hästtänder.
Du plockar skönhet ur strängarnas stål
med dina fingrar i spindelbensdans,
hård, lekande och grym:
Det är llamadjurets öga som brister
i blod under bördan, det är klangen
av en ruta av utspänd tarm som rämnar,
det är ett ärgigt tak som rispas av fågelklor,
det är grytan som sjunger över elden
i väntan på kött, det är flodens virvlar
av silver och spott i skymningen,
det är gasellklövar över plankbroar
och ett regn av iskristaller, det är skuggan
av tvättkläder i storm mot fängelsemurar
och röda kärrhjul i solens första strålar.

¡Oh hermosa hermana
con tu transformado castellano:
eco de la sierra atenuado por nieve tropical!
Tu larga espalda es el salto recto del pavorreal.
El escalofrío de seda del agua te acompaña
y verdes selvas sudan en tu mirada.
¡Oh muchacha con el machete de tu sonrisa!
El hombre es una ciudad vieja y terrible
con sueños infantiles que sollozan en sus sótanos.
Las torres del sueño son altas como los senos
de la sierra. Y el negro viento llora
junto al pie de la torre verde.
                        La guitarra
tiene hombros descendientes como una campesina,
pero el clavijero rechina como dientes de caballo.
Tú recoges belleza del acero de las cuerdas
con tus dedos en danza de patas de araña,
dura, juguetona y cruel:
es el ojo de la llama que estalla
en sangre bajo la carga, es el tono
de un espacio de intestino extendido que se raja,
es un techo furioso que es arañado por garras de pájaro,
es la olla que canta sobre el fuego
esperando la carne, y son los remolinos del río
de plata y escupitajos en el anochecer,
son pezuñas de gacela sobre puentes de madera
y una lluvia de cristales de hielo, es la sombra
de ropas del lavado en la tormenta contra muros de prisión
y ruedas rojas de carro en los primeros rayos del sol.

O handen i elden! Det svarta bettet av en röd mun?

Förbind oss nu med din huds vita linne,
himmelsk svalkande som sierrans snö!

Nej! Perros amarillos,
blickens piska viner över er, slår
som en orm kring lyktstolparna av marmor.
Visselpipan rödstrimmar slavarnas ryggar.
Sockerrör krossas som gröna benpipor under hjulen.
Gamarna hukar sig med rödflådda halsar
i träden som nakna blommar av träck.
Den för alltid insomnade vilar mot marken
med armarna över huvudet:
som en dykande ur rymden ner i jordens djup.
Det klibbande tyget fläks upp,
hans sida blottas, vithaken ett ögonblick
innan den försvinner som ett skedblad i en slaktgryta.

¡Oh mano en el fuego! ¡El negro mordisco de un hombre rojo!
¡Véndanos ahora con el género blanco de tu piel,
que refresca celestialmente como la nieve de la sierra!

¡No! Perros amarillos,
el látigo de la mirada zumba sobre vosotros, golpea
como una serpiente entre los faroles de mármol.
El silbato surca en rojo las espaldas de esclavos.
La caña de azúcar es prensada como huesos verdes bajo la rueda.
Los buitres se agachan con cuellos descarnados
en los árboles que desnudos florecen de excremento.
El que se durmió para siempre descansa en el suelo
con los brazos sobre la cabeza:
como uno que penetra desde el espacio en la profundidad
                                                    de la tierra.
El género pegajoso es rajado,
su costado al descubierto, desnudo por un instante
antes de desaparecer como la cuchara en un guisado

Marken att leva, himlen att skåda in i,
födelsens och dödens dolda grottöppningar!
Men med en mur gjorde han naturen till ägodel
och beseglade med blod sin allt heligare rätt.

Han byggde sig hus, slöt ett rum omkring sig,
utestängde vindarnas oro och stjärnornas hot.
Floden bördes genom muren blott i nattens stillhet.
Och kvinnans gråt var som regnet, en sorg
        som glömt sitt ursprung.

Träden, sina äldre bröder, röjde han undan
med glupska yxor: träden som visar honom
den upprätta hållningen, trotset som brotttas
med stormen. Och blomman tog han med sig att dö
        i sin slutna värld av trä.

El suelo para vivir, el cielo para contemplar,
¡entradas de cuevas del nacer y el morir!
Pero con un muro él hizo la naturaleza suya
y selló con sangre su más sagrado derecho.

Se construyó casa, se rodeó de una habitación,
dejó fuera la inquietud de los vientos y la amenaza de
                    las estrellas.
El río se oyó a través del muro sólo en la quietud de la noche.
Y el llanto de la mujer fue como la lluvia, una pena
                    que olvidó su origen.

A los árboles, sus viejos hermanos, los eliminó
con voraces hachas: los árboles que le mostraron
la posición erguida, el obstáculo que lucha
con la tormenta. Y la flor la llevó consigo para morir
                    en su mundo cerrado de madera.

O kärlek dödlig för blomman, o skönhet
som rövats att upplysa hans avskildhet,
hans ensamhets ängslan och sorg: pärlgräset,
den blå fjädern, snäckan och panterhuden!

Så samlar han död omkring sig för att leva
och uthärda bland sina minnen, i en sorg
som glömt sitt ursprung.

¡Oh amor, mortal para la flor, oh belleza
que ha sido robada para iluminar su separación,
la angustia de su soledad y pena: orquídea piramidal,
la pluma azul, la concha y la piel de la pantera!

Así acumula muerte a su alrededor para vivir
y resistir entre sus memorias, en una pena
             que ha olvidado su origen.

De ärver inte jorden, utan jorden ärver dem.
Jorden äger deras liv, låter dem växa i höjd
med de små träd som ger bär och skördar dem i tid.
Stenkumlena efterlämnar de som släktklenoder.
Stigarna får aldrig gro igen, en gång födda
av årstidernas återkommande ärende.

Vilda bin bor i en hägg medan ett barn föds
och växer upp: så är bina åter borta,
med minnet likt en doft som förlorar sig
i årens gröna somrar. Ett stormskadat träd
blir ett tillhåll för lekar innan det sågas
till kälkar som startar på backkrönet
och stannar sidlänges nere på lagårdsängens is.

De är fångna i ordspråk, broderade i minnet.
Deras längtan är upprepning, en hund som formar
i osynlig gräs sin viloplats framför härden.

No heredan la tierra, sino que la tierra los hereda a ellos.
La tierra posee sus vidas, los deja crecer en estatura
con los pequeños árboles que dan bayas y las cosecha en su tiempo.
Los monumentos de piedra los dejan como reliquias.
Las sendas ya no vuelven a germinar, nacidas una vez
de las misiones repetidas de las eras.

Abejas salvajes viven en un ciruelo mientras un niño nace
y crece: entonces las abejas han desaparecido,
con el recuerdo como un aroma que se pierde
en los verdes veranos de los años. Un árbol herido por la tormenta
se vuelve un agujero para mirar juegos antes de que sea podado
hasta ser tallos que comienzan en la cima
y se detienen a los lados, abajo, en el hielo junto al establo.

Están presos en refranes bordados en la memoria.
Sus nostalgias son repetición, un perro que acomoda
en pasto invisible su lugar de descanso frente al fuego.

Det är minnet av en stor fågel som föll ur skyn,
av tordyveln som träffade pannan likt en sten,
av kor som drunknat i gungflyet vart hundrade år.

Berg av säd väntar ännu i jorden de trampar,
berg av säd att stackas i solens väldiga lador.
Hästar och lastade vagnar dånar på sömnens bro.
I varje man och kvinna sover kommande släkten
inuti varandra: jorden vecklar ut dem under solen
som bladen i en ros, outtömligt djup och mörk
likt natten med dess glödande kanter av gryning.

Es el recuerdo de un gran pájaro que cayó de la nube,
del escarabajo que golpeó la frente como una piedra,
de vacas que se ahogaron en el tremedal cada cien años.

Montañas de semillas esperan todavía en la tierra que pisan,
montañas de semillas a hacinar en los enormes galpones del sol.
Caballos y carros cargados atruenan enel puente del sueño.
En cada hombre y mujer duermen los parientes que vendrán
dentro el uno del otro: la tierra los despliega bajo el sol
como hojas de una rosa, profunda, interminable y oscura
como la noche con sus lados ardientes de amanecer.

Mot ålderdomen vaknar han ur blodets brus
och verklighetens larmande dröm.

Markens lugna höfter har fällt sina rosor.
Näktergalarna har drunknat i floden
som rinner mörk mellan stigande stränder.
Gräset lyser i silver som mitt i en frostnatt
och syrsorna prövar en sista rämnad fiol.

Nu är han av samma svala blod
som trädet, stenen, marken och molnet.
Han sitter med dagen på sin ena sida
och natten på den andra. Svalorna
skriar inte mer sina bekymmer kring honom.
Det är inte längre han som uppbär huset.

Hacia la vejez él despierta del hervir de la sangre
y del alarmante sueño de la realidad.

Las caderas tranquilas del suelo han dejado caer sus rosas.
Los ruiseñores se han ahogado en el río
que corre oscuro entre costas que suben.
La hierba brilla en plata como en mitad de una noche de escarcha
y los grillos ensayan un último violín roto.

Ahora él es de la misma sangre fresca
que el árbol, la piedra, el suelo y la nube.
Está allí con la noche de un lado
y la noche del otro. Las alondras
ya no chillan sus problemas en torno a él.
Ya no es más él quien sostiene la casa.

Nu träder han in i sin ensamhets skogar
där världen susar fjärran som snäckans hav.
Alla människoböljors glans och fasa
blir blott ett vattensken mot aftonhimlen.
Livets flätverk har upplösts i enkelhet.
Äran rinner ner i jorden som vatten utan ansikte.
Och hans eget ansikte rinner bort som vatten.

Naturens alla ögon sover vidöppna.
Vinden sveper inga snaror kring hans fötter.
Intet i detta rike vill människan, bedrar
ej med vänskap, eggar ej med fiendskap.
Blott en drickande fågel hälsar solen
med vattenpärlor på halsens ormande skrud.

Snart börjar sömnen i huset av gräs.

Ahora penetra en los bosques de su soledad
donde el mundo zumba a lo lejos como el mar en la concha.
Todos los brillos y terrores de las oleadas del hombre
se vuelven solo un resplandor del agua contra el cielo de la tarde.
El trenzado de la vida se ha soltado en la simplicidad.
El honor corre hacia la tierra como agua sin rostro.
Y su propio rostro corre lejos como el agua.

Todos los ojos de la naturaleza duermen abiertos.
El viento no arrolla cuerdas en torno a sus pies.
No en este reino quiere estar el hombre, no traicionar
con amistad, no despuntar con enemistad.
Solo un pájaro que bebe saluda al sol
con perlas en el plumaje de culebra del cuello.

Pronto empieza a dormirse en la casa de hierba.

Och alla är nakna i döden.
Det är inte sommarens unga och lekande nakenhet.
Det är nakenheten i livets vinter
då döden nedfryser kropparna till sten.
Det är varken den jordiska nakenheten eller den himmelska
utan nakenheten vid flodens övergång
med mörknande blekhet vid vargarnas sång.

Och alla är döda i sin nakenhet:
en ändlös fris av stelnat liv, av kroppar
som förlorat all betydelse som kroppar,
med könet oskyldigt som vid födelsen,
berövat blodets kraft för alltid,
och hår som klibbar vid pannorna
likt gräs fastfruset vid vinterjorden.

Y todos están desnudos en la muerte.
No es la desnudez joven y juguetona del verano.
Es la desnudez del invierno de la vida
cuando la muerte congela los cuerpos hasta hacerlos piedra.
No es ni la desnudez terrestre ni la celestial
sino la desnudez junto al vadeo del río
con palidez oscurecida junto al canto de los lobos.

Y todos están muertos en su desnudez:
un friso interminable de vida petrificada, de cuerpos
que perdieron todo significado como cuerpos,
con el sexo invisible como en el nacimiento,
arrebatada la fuerza de la sangre para siempre,
y cabello que se adhiere a las frentes
como hierba congelada en la tierra de invierno.

Och några ligger hopkrupna i döden
som aldrig framfödda foster. Några liknar drunknade
med utbredda lemmar och uppåtströmmande hår.
Andra tycks ha dött stående som vaktposter.
Där är kroppar med liggsår, som stoppade med rosor,
och dessa med stora bukar, som om ett djur
trängt in och upprättat sin boning i dem!
Och de utmärglade som liknar träd klädda i människohud
och barnen formade av mjukare sten än de andra!

Ja, alla är nakna i döden.
Guldet har spillts ut i högar vid fötterna
och rullat likt mynt åt alla hållningen
i dödens brådstörtade förskingring.
Husen har delat sig och störtat
i de fyra väderstreckens avgrunder
Kläderna har blåst bort som moln och förvridna segel.
Den döda blicken i ännu inte slutna ögon
är bara som en spegel bortglömd i en grotta.
De kan inte längre skyla sina brott
som redan är förlåtna, glömda och begravda.
Vad de gjort med sitt liv är bara en dröm
som vandrar i fjärran, medan kropparnas
nötta och övergivna redskap väntar
likt snäckor vid detta vinterhav.
Ty alla är nakna i döden.

Y algunos yacen encogidos en la muerte
como fetos nunca nacidos. Algunos cadáveres se ahogaron
con miembros extendidos y los pelos parados.
Otros parecen haber muerto de pie como centinelas.
Allí hay cuerpos con eccemas, como rellenos de rosas,
y otros con grandes vientres,¡como si un animal
hubiese penetrado y hecho su nido en ellos!
¡Y los demacrados que parecen árboles vestidos de piel humana
y los niños hechos de piedras más suaves que los otros!

Sí, todos están desnudos en la muerte.
El oro se ha derramado a montones junto a los pies
y ha rodado como monedas en todas direcciones
en el derroche precipitado de la muerte
hacia los cuatro abismos cardinales.
Las ropas fueron sopladas por el viento como nubes y velas arrugadas.
La mirada muerta en ojos aún no cerrados
es solo como un espejo olvidado en una cueva.
Ya no pueden encubrir sus delitos
que ya están perdonados, olvidados y enterrados.
Lo que han hecho de sus vidas es solo un sueño
que camina en la lejanía, mientras los instrumentos
gastados y abandonados de los cuerpos esperan
como conchas junto a este mar de invierno.
Porque todos están desnudos en la muerte.

La presente selección de poemas ha sido tomada del libro
DIKTER MELLAN DJUR OCH GUD,
Editorial Albert Bonniers, Estocolmo, 1944
con el permiso de la Fundación Arthur Lundkvist y Maria Wine, Suecia

El Autor

Artur Lundkvist (Escania, Suecia, 3 de marzo de 1906 - Estocolmo, Suecia, 11 de diciembre de 1991). Poeta, novelista, ensayista, miembro de la Academia Sueca, viajero incansable, escribió sobre los múltiples países que conoció y sus culturas. Su obra incluye más de cien volúmenes. Perteneciente a la llamada "generación de los 40", practicó lo que él mismo denominó como "poesía pánica", que definió como una poesía que contenga "Preferentemente rosas y cisnes y puestas de sol, ¡pero condimentados con sangre, sudor y lágrimas, con huellas y herramientas cotidianas, pan gastado y tejas caídas! Es justamente en la unión de naturalismo y belleza romántica donde se esconden las posibilidades". Esta verborragia y exuberancia tropical en un poeta del Norte frío sorprende gratamente, ya que nos invita a encontrarnos con una poética del derroche y de la imagen espectacular, que sin duda tiene su lugar asegurado dentro de la mejor lírica de Escandinavia.

El Prologuista

Armando Maldonado (Tegucigalpa, 1983) Poeta, gestor cultural y editor. Mención Honorífica en el Premio Bienal de Poesía "Rubén Darío" otorgado por el PARLACEN en 2013. Fue miembro del Taller Literario "Edilberto Cardona Bulnes", del Grupo Literario Máscara Suelta y el Colectivo de Poetas Paíspoesible. Publicado en antología en Honduras y en el extranjero. Publico el libro "Así tu cuerpo" (El Salvador, 2013).

El Traductor

Roberto Mascaró (Uruguay, 1948) es poeta y traductor. Actualmente se dedica a la traducción de literatura en lenguas nórdicas, dirige el Taller Arte de la Traducción y el programa radial Taller de Letras en la ciudad de Malmö, Suecia. Como poeta ha publicado 16 libros en Uruguay, Suecia, Colombia, Venezuela y El Salvador. También ha publicado más de treinta volúmenes de traducciones, entre ellas obras de Tomas Tranströmer, August Strin¬dberg, Öyvind Fahlström, Ulf Eriksson, Tomas Ekström, Jan Erik Vold, Edith Södergran y Henry Parland. Traductor del Premio Nobel de Literatura 2011, el sueco Tomas Tranströmer.